Fenómeno a pescado

Una guía de pH para niñas.

Marcy Schaaf

Español

pHishy pHenomenon
A pH guide for girls.
Marcy Schaaf
Spanish

Welcome to the bubbly world where suds, giggles, and pH mysteries await! In "pHishy pHenomenon," we stumbles into soapy chaos, discovering that using the wrong pH balance can turn a bath into a bubbling blunder. Get ready for a hilarious adventure filled with slippery slides, hay bale hair, and a superhero's skin suit gone wrong! Until we find the secret to perfect pH, or will we be caught in the soapy shenanigans of the pHishy pHenomenon? Dive into this bubblicious tale, and let the laughter and learning begin!

¡Bienvenido al mundo burbujeante donde te esperan espuma, risas y misterios del pH! En "pHishy pHenomenon", nos topamos con un caos jabonoso y descubrimos que usar el equilibrio de pH incorrecto puede convertir un baño en un error garrafal. ¡Prepárate para una divertida aventura llena de toboganes resbaladizos, pelos de balas de heno y un traje de superhéroe que salió mal! ¿Hasta que encontremos el secreto del pH perfecto, o quedaremos atrapados en las travesuras jabonosas del fenómeno pHishy? ¡Sumérgete en este burbujeante cuento y deja que comiencen las risas y el aprendizaje!

understanding the effects of pH
1 2 3 4 5 6 7 8 9 10 11 12 13 14
Strongly Acidic
Weakly Acidic
Weakly Alkali
Strongly Alkali

comprender los efectos del pH

Today, we learn the
magic of pH balance!

¡Hoy aprendemos la magia del equilibrio del pH!

Bubble Bath Bonanza!

High pH bubbles—uh-oh! The bubbles pop,
and a not-so-sweet smell fills the air.

Lesson:

High pH smells bad!

Let's find the perfect pH for our
bubbly adventures.

¡Bonanza del baño de burbujas!

Burbujas de pH alto: ¡uh-oh! Las burbujas
estallan y un olor no tan dulce llena el aire.

Lección:

¡El pH alto huele mal!

Busquemos el pH perfecto para nuestras aventuras burbujeantes.

Face Wash Fiasco!

Low pH face wash—oops!
Your face turns oily, like a
slippery slide!

¡Fiasco del lavado de cara!

Lavado de cara con pH
bajo: ¡ups!
¡Tu cara se vuelve grasosa,
como un tobogán
resbaladizo!

Tip:

Low pH makes skin oily. Let's discover the
ideal pH for a fresh-faced feel.

Consejo:

El pH bajo hace que la piel se vuelva grasa. Descubramos el pH ideal para una sensación de rostro fresco.

Shampoo Shenanigans!
High pH shampoo—splash!
Makes hair feels like a
hay bale!

¡Travesuras del champú!

Champú con pH alto: ¡salpicadura! ¡Hace que el cabello se sienta como un fardo de heno!

High pH makes hair sad, Let's uncover the secret of luscious locks with perfect pH.

El pH alto entristece el cabello. Descubramos el secreto de unos mechones deliciosos con un pH perfecto.

Bar Soap Blunder!
Low pH soap—eek!

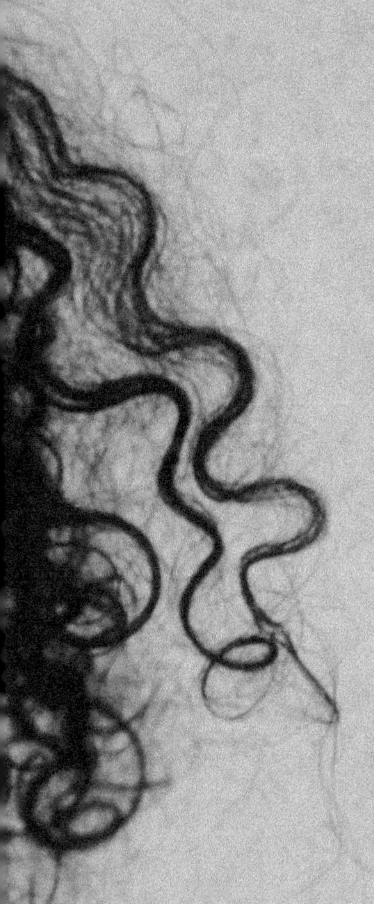

Skin feels tight,
like a superhero's suit
gone wrong!

¡Error del jabón en barra!
Jabón de pH bajo, ¡eek!

¡La piel se siente tirante,
como si el traje de un
superhéroe hubiera salido
mal!

Let's unveil the mystery of soft,
supple skin with the right pH.

The magic number—7!
Just like tap water,
it's the skin's best friend.

Revelemos el misterio de una piel
suave y flexible con el pH adecuado.

El número mágico: ¡7!
Al igual que el agua del grifo, es
la mejor amiga de la piel.

Perfect pH Party!

Bubble Bash:

Our skin loves pH 7!
It's the magic number for a
bubbly, fresh, and fantastic
feeling.

¡Fiesta de pH perfecta!

Golpe de burbujas:

¡A nuestra piel le encanta
el pH 7!
Es el número mágico para
una sensación burbujeante,
fresca y fantástica.

Marvelous Makeover!

Use all pH 7 goodies—a bubbly bath, fresh face, silky hair, and soft skin!

¡Maravilloso cambio de imagen!

Utilice todos los beneficios del pH 7: ¡un baño burbujeante, rostro fresco, cabello sedoso y piel suave!

Let's share the magic
of perfect pH
with our friends.

Compartamos la magia
del pH perfecto con
nuestros amigos.

Bubbly Ballet:

Dance with us,
Feel the magic of perfect pH
and let the fun begin!

Ballet burbujeante:

¡Baila con nosotros, siente
la magia del pH perfecto y
deja que comience la
diversión!

Tell the secrets of perfect pH .

Cuéntale los secretos del pH perfecto.

What happens with low pH?

¿Qué pasa con el pH bajo?

What

happens with

high pH?

¿Qué pasa
con el pH
alto?

What soap is right for your skin?

¿Qué jabón es el adecuado
para tu piel?

1 2 3 4 5 6 7 8 9 10 11 12 13 14
Strongly Acidic
Weakly Acidic
Weakly Alkali
Strongly Alkali